中华武术典籍珍藏
民国武术文献选刊

第一辑　第四卷

崔虎刚　收集整理

北京体育大学出版社

责任编辑：吴　珂
责任校对：田　露
版式设计：高文函

图书在版编目（CIP）数据

民国武术文献选刊. 第一辑. 第四卷 / 崔虎刚收集整理. -- 北京 : 北京体育大学出版社，2024.2
（中华武术典籍珍藏）
ISBN 978-7-5644-4019-0

Ⅰ. ①民… Ⅱ. ①崔… Ⅲ. ①武术－文献－汇编－中国－民国 Ⅳ. ①G852

中国国家版本馆CIP数据核字(2023)第256712号

民国武术文献选刊. 第一辑. 第四卷　　崔虎刚 收集整理
MINGUO WUSHU WENXIAN XUANKAN. DI-YI JI. DI-SI JUAN

出版发行：北京体育大学出版社
地　　址：北京市海淀区农大南路 1 号院 2 号楼 2 层办公 B-212
邮　　编：100084
网　　址：http: //cbs.bsu.edu.cn
发 行 部：010-62989320
邮 购 部：北京体育大学出版社读者服务部 010-62989432
印　　刷：北京雅图新世纪印刷科技有限公司
开　　本：710 mm × 1000 mm　1/16
成品尺寸：170 mm × 240 mm
印　　张：11.25
字　　数：117 千字
版　　次：2024 年 2 月第 1 版
印　　次：2024 年 2 月第 1 次印刷
定　　价：72.00 元

筹委会

（排名不计先后）

【河北】

王雪松　董智勇　侯晓山　张春光　智　泳　李向东　王弘武　苏建中　魏朝辉
王英臣　赵　军　段雷朋　王欢迎　孟祥国　刘明华　王文革　董法胜　卢宝库
马新华　孟令斗　李学兵　龙　威　狄松涛　牛树天　孟令聪　张永泽　孟令兴
孟令江　张思雨　高立新　陆明文　赵世君　张守安　王向东　赵永亮　曹彦场
刘　念　许　栋　卢保卫　庄国伟　孙　健　巩国平　孙　振　姜海伟　徐书长
王　宾　王永涛　赵志勇　张剑军　孟祥龙　柴海生　田卫民　王铁英　张继斌
秦晓悦　刘红强　王长军　田振伟　田　伟　闫庆洪　郎立成　张坤伟　李　波
周　弘　郗建勋　刘光芒　王福庆　张星一　董贵轩　高国辉　孟春华　陈志刚
张增海　李常琳　章建春　张　斌　李　冰　王小龙　鲍玉龙　常　军　李会锋
盖国海　张铁柱　钟俊峰　张根云　任增良　宋分成　李保辉　卜元法　刘　雷
封佳良　李立兵　郝桂英　杨志英　赵连江　张　聪　夏令虎　李正国　丁　强
李文龙　王学武　陈宇明　李金龙　张　义　牛志勋

【山西】

李旭东　刘笃义　苗树林　李乃勤　张振杰　陈贵更　姚建东　张　欣　邢晓朝
王连恒　王　兵　马德祥　薛文江　温锦铭　杨　军　郝利华　李俊杰　王守禄
董冬元　张奇林　任晓平　沈炜东　赵京生　刘叔勤　梁光平　郭玉文　李　白
王理生道长　吴志刚　阎子龙　王宏伟　王　建　李德仁　郭润泽　高玉兔
许青行　孙君荣　陈　娟　赵国华　王银辉　胡晓琴　田志丹　韦树杰　温玉恩
胡元亮　马海平　张玉全　阴建文　王日兵　郭　扬　释妙修　高全民　何　军
冉高峰　李正业　王勇义　晨　曦　田正西　马学恩　郭晋博　王建筑　高宝东

王太晨　侯庆林　朱喜何　宋宝贵　宋俊芳　吴会进　王俊香　张楗军　王德俊
胡佳锋　王雨东　李青峰　史德全　吕　卓　梁文章　李宇鹏　于庆海　吕永昌
吕传泳　李景福　乔一铭　王攀峰　石大永　姬俊峰　贾国喜　吴利生　吴利民
杨志忠　胡安辉　曹中义　胡丽娟　武　冬　王　勇　陆向春　高　静　姬　才
殷文军　王苗祥　王仲文　江俊峰　张丕锋　白玉仁　刘铁铸　秦同文

【内蒙古】

刘井春　褚海东　孙根新　宋仿琛　范健宇　武静安　刘永文　郭迎宾　王浩亮
卢爱琴　乾　坤　白景春　张国华　吕瑞亭　刘世君　周彦明

【北京】

胥荣东　康戈武　徐　杰　于昕洋　肖红艳　酒大雷　姜启超　聂志涛　刘　翊
吕鸣捷　赵安平　尚远宇　王　凯　孙汝贤　牛立新　孙国中　党雪田　高晓光
贾永安　邸国勇　乔　宁　辛　强　刘　铄　程庆余　王　桐　赵天阳　左宇彤
韩俊瑛　孙嘉浜　孙文景　白石羽　德　全　欧　阳　万周迎　徐　鹏　刘路遥
李　谷　左　健　付洪波　成金俊　黄志刚　李　戈　彭　龙　陈　铁　高雪峰
王宝山　王中行　王沥斌　贞　达　孙庆丰　薛　岩　李　迎　张　斌　洛　尘
张　磊　金　微　秦保华　杨文学　王庆年　徐　许　刘福龙　孙国柱　刘满常
于　浩　张国儒　刘万成　于　江

【天津】

崔　巍　于经元　胡向阳　刘宝林　张天龙　张金旺　丁伯立　顾海波　赵文龙
王　诜　王福勇　崔媛媛　马延凯　张聚贵　孙国善

【辽宁】

刘洪刚　任　彬　于万凯　孟　涛　黄中元　高　朋　万　勇　梁　丰　孔德林
潘大庆　王秀如　臧福源　李保刚　薛圣东　孙贵东　袁　波　张　悦　韩宝轩
蒋秀山　侯　明　乔　武　刘英伟　张国志　刘计星　李金友　高　宇　马　畅
郑维钧

【吉林】

张　河　邓宇光　李　银　丁　皓　骆立文　王君波　孟　宇　徐厚祥　佟　冰
倪　郝　赵　耀　郭其武　袁洪范　刘　君

【黑龙江】

佟亮辰　张艳阳　陈玺镔　张指辉　王　皓　宋　梁　郭宝成　陈　斌　刘立国
毕文波　杜伟国　黄忠伟　李　冰　吴　俣　曹志峰　马宏伟

【河南】

张雄鹰　种明生　郭航海　王志远　贾自愿　安呈林　朱利军　释延布　杜长坤
刘启飞　石　勇　王农川　郑营俊　常青州　张　艺　马众森　王占敏　巩建松
倪根上　陈近仁　李朝乾　李紫剑　邢红义　李佩革　刁修华　梁靖予　宋尚军
释延巽　李红林　赖庆新　陈万军　郝跟上　张　帆　恒　勇　王子淳　张亚东
孙明亮　魏淑云　赵振选　王会武　耿　军　买西山　买　威　时晓武　买　勇
买仁萍　仵　锋　马德占　王长明　张伟兵　代忠波　张　玮　段建民　孙保才
李小欣　酒同标　酒小郎　苗轩国　孙和龙　孙随成　焦立武　王建设　刘培兴
苗鸿宝　苗步超　张运生　苗田营　苗富强　杨德民　胥兆飞

【湖北】

徐　斌　张建生　李应龙　刘　杰　石　峰　田　浩　夏四鸿　梁靖予　陈玄机
瞿凤华　秦声浩　严　飞　姜学斌　郑桂桐　胡炳林　李德民　薛兴江　胡圣奎
王卫红　焦通章　徐赐兵　黄亚平　戴珂铭　张　显　刘秋龙　马国平　薛劲松
李志武　丁大益　黄胜文　唐俊虎

【湖南】

苏若鸣　陈开喜　王常秀　张常海　邹　骁　刘建湘　黎昌元　向军华　张继桂
蒋谷川　滕召军

【广西】

黄耀丹　夏　敏　唐晓艺　严翰秀　赖铭强　梁杰乔　张容嘉　廖贤阳

【广东】

于鸿坤　蒋荣杰　任官生　蒋子龙　张俊林　蒋化一　李湘山　刘　泉　沈建杰
余锐镔　张勇强　方　金　陈　执　毕荣俊　刘志坚　靳清江　马廉祯　吴广添
邵剑波　梁伟民　颜志图　吴启贤　陈　伟　王　贵　张梦阳　陈福和　廖锦泉
方应中　陆常康　杨亚国　房向南　陈健志　覃海权　徐　宏　梁柏清　赵刚生
江善祯　房　生　黄　熠　李伟光　贾华兵　王会哲　林国生　吴晓辉　吴立群
冼伟昭　梁文楷　黄仕君　曾奕涵　钟立强　陈会崇　杨柳标　王邦菊　张广辉
刘志添　刘春涛　杨春茂　詹亮清　莫华法　罗浩苑

【深圳】

郑喜平　周　华　李翰青　曹革林　苏洪海　梁　丰　贾永唐　徐百军　连　成
蒋定臻　王继勋

【海南】

梁昌泰　张　雷　李　秀　陈东升

【山东】

高鹏熙　李满利　张松仁　谭京杰　王　刚　马　斌　刘　毅　孙胜辉　周云峰
王玉金　尤明达　厉善祥　刁长俊　周庆春　孙丰玺　许　峰　王芝强　王　斌
刘维明　战文腾　宫智辉　倪德飞　孙思蒙　张　斌　郝代远　史　鼎　康汝宙
郭　宁　张长生　赵延俊　张胜利　张克田　周　游　刘　伟　安宝东　刘军农
董玉明　王景钏　贾友民　张树远　李保庆　王继国　王焱鹏　潘　章　高　承
李万温　张卫东　王宏全　王　伟　梁国爱　李海涛　李飞林　刘连洋　王国川
郑中华　张彦营　姚　磊　刘东强　白正刚　吕延波　洪卫国　张延斌　谷志强
孙晞棠　赵国忠　邓　桦　曹广超　周　琦　陈　雷　泰　祯　李安国　郭英新
徐西林　董志忠　张乐华　孙瑞全　张元海　刘龙昌　谭凯文　冯长源　杨　雷
张　涛　李其胜　梁殿品　张祥泽　朱宗启　薛士玉　杜孝伟　朱永强　樊　霄
杨圆义　刘道毅　李若现　王立岩　要学良　刘圭生　郭玉刚　张　鹰　李金顺
彭维利

【江苏】

杨　忠　窦小彦　许　忠　江其林　兰顺林　王存果　刘季月　周晓明　卜照生
张　亮　马　伟　时丕昌　师厚春　徐　帆　林圆龙　梁　雪　王新跃　谢逸繁
李　胜　解建昌　张爱成　沈枫涛　翟爱武　王吉波　张爱春　王海港　胥子连
毕明府　程　明　刘　通　陈军民　虞洪涛　张　滇　陈灏梁　景怀义　韩运疆
宫翠峰

【浙江】

仇富军　吕　亮　倪顺坚　孙　吉　杨秦健　张　斌　金　翰　王良辰　李继红
蔡德强　戴有木　张青松　马俊成　刘　柱　俞永辉　刘立存　李诚勤　张　俊
高宜挺　许科军　俞佐清　顾　坚　王圣华　刘小峰　杨　华　陈碧如　邓显群
顿鹏辉　江　澜　王一静　姚步高　江敏华　王纪杰　蒋　文　陈宇阳　钱周锋
周　明　蒋仲清　陈幼根　周　锋　陈沛宝　赵　青　凌风子　景　然　周美良
潘小江　卢成昌　潘石弟　凌懿文

【福建】

王福民　蔡卫权　倪忠森　王振河　张祖永　蒋秀山　许剑云　陈向荣　孟庆贺
连国汉　林　峰　俞景耀　陈恒演　涂智兴　罗建晖　林和顺　胡文辉　梁　涛
林建栋　吕信明　周　攀　杨　晗　刘有春

【安徽】

胡春泉　曹　军　钱军帅　祝安园　聂红松　江　奎　魏　冰　毛立欢　冯　皓
欧阳兴业　马　林　铁中玉　刘俊杰　王靖华　武爱东　陈晓东　徐永银
吴　笛　陈　军　赵　飙　张宏华　王　磊　吴　昊　胡卫东　吴　伟　谭全胜
刘法志　汪　泉　乔长良　朱红军　杨纯生　卫　存　卢　杰　秦　琥　王学东
聂　刚　曹其根　曹季泉　曹加才　纪良发　曹　凯　董德霖　张　博

【江西】

熊庆云　钟水清　李舒霖　郭木青　王联军　唐毓堃　张功燚　李江明　屈　群
刘　超　应宗强　李洋洋　陈　军　乐　繁　代建国　钟祥明　虞法志　章新尧
林爱兵　林国生　刘炳开　童加清　李曦初　李海斌　王禹平　崔瑞郡　李广华

【上海】

林　杰　谭振勇　朱长跃　樊永平　杨雨辰　金培贤　金俊达　尹　捷　薛怡平
鞠学东　阚水源　凌先生　孙连盛　杨志承　孙经纬　王宝财　谢琦辉　刘　志
何轻舟　吴爱民　宋　旭　游　清　释永照　董家良　董纲成　陆龙祥　陈海光
梅永福

【陕西】

李　钢　张　钢　郭华东　邵　华　杨俊伟　罗　德　董安强　贺元瑞　杜群喜
杨伟峰　王晨生　杨　坚　白永东　孙　武　陈少纯　郭桂荣

【甘肃】

郝心莲　辛富国　金　宏　李宝才　温世杰　马　伟　汪子竣

【宁夏】

杨文舜　梁杰乔　吴　涛

【青海】

马宏伟　朱春明

【新疆】

赖宝珊　任　军　黄尘哲　张新民

【云南】

黎丽辉　曾　瀚　李太宏　鄢　博　赵顺军　张晨光　叶昆生

【贵州】

杨绍平　谢明宇　刘　曦　孙鲁龙　黄　檗　刘庆涛　曾昭弟

【四川】

侯　毅　古海啸　梁军民　金　亚　李　阳　周新杰　罗　斌　王伟骅　陈兴均
曹　卉　兰　唯　唐博文　郭　建　邱湘彭　罗小波　唐　昶　黄趾洲　温昌奇

【重庆】

罗　明　徐泉森　罗先雄　曹晓东　陈治军　张文欣　张宗华　周光华　黄文才　吴洪明　刘天海　袁一晋

【香港】

李健雄　Mehdi　谢永铭

【台湾】

杨正隆

【其他国家】

黄少武　王振身　陈　闯　龙勿用　胡耀武　柳寿晨　容光远　张立彪　甲斐正也　村上正洋　片桐阳　马永光

特别鸣谢

李金明　王彩鲜　李延春　庞明泉　李　翔　智晓园　于　芳　张　梅　周兰英
安　毅　王新瑞　李克宣　崔并花　杜崇开　刘　洽　张　昭　李继光　薛思问
杨春兰　李　懿　邹德发　吴世勋　高友孝　刘瑞荫　黄兴发　王云山及其姐
袁树礼　郭荣珍　耿爱梅　刘丽俊　郝富义　李补鱼　郝锦园　杨桂芳　杨洪喜
刘怀玉　钟雪友　蔡震升　伦怡馨　高　瑛　李龙城　张魁武　柳百成　张德生
李建勇　贺国安　王慧琴　冯银刚　韩太民　韩原民　曹东红　王　浩　韩常林
韩焕茹　尤素娥　赵海凤　胡玉洁　张桂兰　田喜凤　郭宝芳　魏宏斌　袁建斌
郭　宏　马润生　冯骑明　阎文辉　焦清华　王秀丽　郭　刚　韩秀英　卢冬光
张雪刚　尹贵龙　范阿宝　朱建华　巩爱平　胡建彪　何建东　郝宪伟　郝建邦
郭仁实　高澍芃　江敬斌　薄建东　郑　炜　周　宏　吕　毅　徐用生　田春林
李　明　师维勇　韩小华　尹小玲　赵学毅　刘巧莲　任建玲　赵媛凤　义瑞珍
张玉香　张秀玲　魏巧燕　王小源　海晓霞　刘庆林　赵丽华　徐　静　姚书典
殷　岩　王小根　王海英　宁晚林　胡玉亭　乔　栋　田振山　林　纲　赵大春
朱　峻　王民忠　李　刚　顾武安　李　峰　章　青　叶林忠　贾云杰　许树华
杜　箐　刀京梅　孙慧敏　姜淑霞　王占伟　王艳玲　常学刚　梁伟民　王跃平
冉宏伟　王　蓉　苑博洋　胡志华　李博伦　宋杨萍　韩　翔　田海英
恩师朱华先生、师母冀秀珍女士
父亲崔官禄、母亲王玉莲及兄弟姐妹各家人

目录

忠义拳图稿本　卷四

提要

《忠义拳图稿本》，四册，以卷一、卷二、卷三、卷四区分。从卷一扉页可知，该书由樊一魁著、乔岗编、山西洪洞荣仪堂书局石印行印制，但扉页处书名为“忠义拳图合编”，与封面略有不同。

卷一先有辅文《武术弁言》《卷头序言》《引言》《拳经总论》，从中可知该书成于 1936 年；之后为《通背目次》，再后进入正文。卷二辅文仅有《通背势法目次》一篇，似与卷一同期成书。卷三又有《叙》两篇，其中洪洞县知事易懋煊所作序的落款时间为民国十七年（1927 年），樊一魁自序的落款时间为民国八年（1919 年），不知何故。卷三《叙》后为《武训守正歌十首》《插图散打目次》，之后为正文，但有趣的是，书的后部又出现了《说明散打目次》，衔接散打相关的理论讲解。卷四仅《枪之目次》一篇辅文，不同的是，前三卷目次中标题层级均用“篇”字，而本卷则用“编”字，疑似将“篇”误写为“编”。

该书各卷的正文主体部分，体例结构基本一致，均为图示文注，每页大致讲解一个招式动作，绘有一幅动作演示图，配以少量文字。除此之外，卷一正文前部用较大篇幅的理论性文字进行讲解，卷三后部为文字讲解。

该书作者樊一魁是通背名家，从四卷的整体内容来看，该书所述内容均为通背拳、械的理法与技法，书名“忠义拳”，或可理解为作者的人生追求。

山西洪洞 梅選樊一魁著
子高喬 崙編

忠義孝合編

山西洪洞榮儀堂書局石印行

梅選樊一魁近影

忠義拳圖槍合編第四卷

山西洪洞梅選一魁著

槍之目次

第一路

一、逼水槍　二、無影槍

三、奪命槍　四、上平槍

五、中平槍　六、下平槍

第二路

七、梨花擺頭　八、滴水槍

九、坐馬槍　十、下擋槍

一一、鎖口槍　一二、鳳凰點頭

第三路

一三、閃門槍　一四、烏龍入洞

一五、神槍式　一六、上起槍

一七、順風旂　一八、回頭望月

第四路

一九、剪子股　二〇、卧逼水槍

二一、轉香砲　二二、推撩攔進

二三、倒觀花　　二四、回馬槍

第五路

二五、單手槍　　二六、定南鍼

二七、仙人指路　　二八、抽刀勢

二九、裡勾外撩　　三〇、過步撩衣

第六路

三一、指空望月　　三二、朝天槍

三三、通袖槍　　三四、外劈槍

三五、探海槍　　三六、進頭槍

十三槍法論

武術門中有槍法槍法傳授有真假要知手法怎樣用精心求師有妙法
拳打風雲聚會劍劈足下生花棍打扭身邁步槍扎巧妙通神槍法要知
怎樣用全憑一路巧力生劈迎合擋想計用搒身偷步順勢行奪命槍開
腸破肚無影槍無形無踪撥草尋蛇下邊用日月槍逼退英雄當中來烏
龍入洞中平槍斜扎心胸鎖口槍下且留情黑虎槍十人九驚回馬槍要
連環用滴水槍下現光明進躬退手人難躲大火燒天寶現龍鳳凰點頭
順捍劈進身上步莫放鬆世人要知箇中理外練内修見夫工

十三槍秘着用法之揭明

奪命槍　將槍往上一迎往下一劃一合一扎

無影槍　如彼照頭扎來我槍從裡上去向外一擋仍照頭扎一槍再將槍一提往下點一槍

撥草尋蛇　如人照腿扎來即將彼槍往左邊一撥提一槍扎一槍

日月槍　往上虛逆一槍往下一劃照定彼兩手點兩槍下再照心扎一槍

烏龍入洞　如我槍頭在下彼持中槍扎來我用槍杆將彼槍杆格過往上一挑照小腹扎去落點脚勢再一合一扎

中平槍　我用中平槍扎去彼持槍來合我丢槍移右步向他脇下扎

去右腿在前

鎖口槍　照頭扎來我槍往上迎去轉身擰槍照咽喉扎去即往下拉槍一扎

黑虎槍　有人扎我下槍即扎點脚將彼槍一擂轉槍一擰順槍扎心拉槍再一扎

回馬槍　如人扎來我敗勢往後退看準槍頭即上步換步照心扎去再偷步一擂換步一合一扎

滴水槍　如彼扎來即上槍一閃向彼脚面上連點左右兩槍

進躬退手　將槍虛迎一槍往下一劃在手上一打一扎再向左轉槍一

扎

打火燒天　如彼扎我中槍我將彼槍一合彼轉槍來扎下槍偷步往

上一劄一挑槍換步一合一扎

鳳凰點頭　如彼來扎我肩我從裡上搭一劈槍向左擰扎一槍偷擂

一槍合一槍扎一槍

說明

此乃羅家十三槍法傳流至今武家寶之有濟世之作用保國之功能其中有虛實引誘之妙閃驚巧取之奇變化無窮端賴熟練習槍法者務要正心誠意揣摩簡練明其式法悉其化法久而久之自可臻入妙境識透三昧焉

六合槍秘着用法之揭明

㈠起上場將槍持定先往上虛迎一槍往下一劃一當一合一扎再走外向彼左邊一挑右腿在前換步一擋一合一扎落左順步勢

㈡如人從我身後照頭扎來即將槍向我右邊一捽扎坐馬勢將槍從裡一提擰身顛槍順桿照咽喉扎去名鎖口槍右腿在前如彼還槍來扎下槍上步一挑一擋一合一扎左腿在前

㈢翻身挑面照頭撻去再往上一提立身提左腿照彼槍纏三槍名黃龍纏杆點腳勢扎一槍閉順步採步向彼左邊一避再偷步一擋還步一合一扎

(四)翻將槍往下一捽扎点脚勢扎一槍再合槍走外右点脚扎一槍如彼來扎肩我掬手從裡劈一槍名鳳凰点頭如彼下槍來即將槍往上一挑名打火燒天一扎再一合一扎

(五)向右轉身一打扎一槍再向裡劈一槍名喜鵲過枝偷步纏三槍扎一槍再擋一槍合一槍扎一槍

(六)翻身捽槍落敗勢一擋一合一扎落右点脚勢再扎一中平槍提槍從裡劈一槍偷步挑一槍換步合一槍扎一槍名曰回馬槍再偷步合一槍擋一槍扎一槍再偷步一合一擋一扎落左順步勢

大六合挑演法

一挑槍左右封避子母槍　二挑槍滴水献花無中生有死中救活

三挑槍黃龍纏杆封避提拿　四挑槍烏龍入洞鳳凰點頭打火燒天

五挑槍　六合神槍最為先　後帶尉遲倒拖鞭　六挑槍　走馬回頭丁字步　青龍出水回馬槍

説明

此乃楊家六合槍法共一百零八着分為前中後三路每路分六合每合分六槍三十六槍為一路前三十六槍為初學入道之門也中三十六槍為神奇變化之法也後三十六槍為深入化境之域也此槍內有二十八母名為：劈迎合擋提挑扎　刺劃按丢封避拿　纏攔點墊掃流搭　撥剪閃撩攢回馬（回馬一槍分二槍　內藏拖槍一手）習槍者當以二十八母為鵠標

槍法應用十則

一槍有進退剛柔之妙虛實閃躲之法驟雨箭穿之速雞鬥燕穿之勢此槍中之妙着也武術家愼記之

二手疾眼快步相隨　記準三尖真可為　應刺則刺鋒不亂　兩敵相衝有禦為

三槍夾棍　棍夾槍　兩器合一最難防　變化無窮風雲相　認定勢法再開槍

四槍到腿到現手能　兩手扎防左右行　來往實用進退步　槍腿不隨手必鬆

五兩敵相逢要心靜　發槍之時勿妄動　一掙若望槍神不亂　三陽記

準避過行

六你曉我也曉　但怕手遲了　你速我也快　二人隨身帶　閒暇若

不練　用着錢難買

七圈外看高低　視彼槍法擊　認定上中下　閃槍莫要急

八你急我也急　二人把槍提　手眼身腿步　先劄手面足

九你槍發　我槍搭　你槍不動我槍扎　高不捉　低不拿　傍不救

中不怕　槍一點　難招架

十來如線　去如箭　指人頭　劄人面　劄了人　遂不見　你纏我

也纏　你攔我也攔　抓槍手法人難見

槍中詳細奥妙不及細述臨鋒之際全在眼力身法步趨精習熟練謹謹行之

槍式標圖 演器

長槍 長九尺 重四斤

花槍 長七尺 重三斤

第一圖　逼水槍

彼剳膝來我撩手　彼用纏拿我摩旗

彼乘下虛來剳脚　撥草尋蛇下邉樓

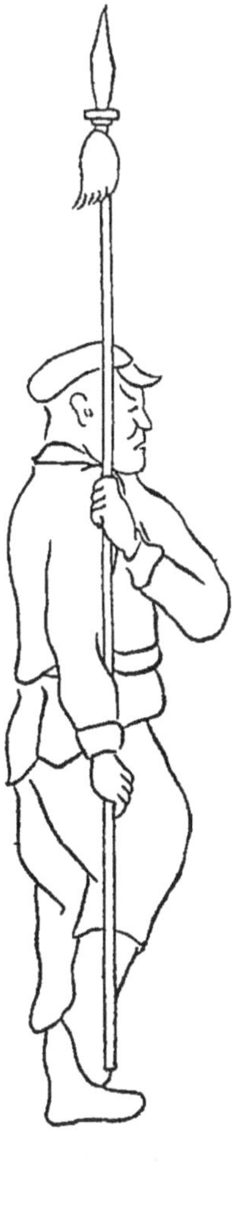

第二圖

無影槍

彼扎面来用無影
單鳯上眉往左行
向若翻攔彼下攻
開步挑扎莫留情

第三圖

奪命槍

我用奪命往上逓
彼乘下虚攻心胸
順搶劃下一字樣
謹記扎合莫放鬆

第四圖　上平槍

上平槍法走肩胸
抵防敵人鳳凰迯
拉槍虛身將勢敗
以槍遂搶進有功

第五圖　中平槍

中平槍法行脇心
彼扎我槍槍穿雲
彼若擋槍來逿我
身法跟進另有門

第六圖　下平槍

彼從上來伏地蛇
彼下我用纏絲截
上提金雞去上架
順勢扎去蛟龍接

第七圖　梨花擺頭

中平槍來何必憂
我用金鷄去點頭
摔槍擺頭裡扎外
閃忙敵人無措手

第八圖　滴水槍

彼扎我下用槍提
烏龍入洞最相宜
二次遂槍來扎我
顛槍挑扎穿枝樓

第九圖　坐馬槍

先扎後點下擂山
抵抗敵人上下翻
一圓為母去如箭
落勢順步左腿前

第十圖　下擋搶

稍進搶低我佯敗
敵人搶從右方來
擰步回身向外擺
提搶格手入滄海

第十一圖　鎖口槍

我往上虛迎一槍

彼來扎我面目處

即將身向外一扭

封避手扎彼咽喉

第十二圖　鳳凰點頭

彼槍扎我左肩來
我槍從裏劈胸懷
擰身偷步順勢挑
打火燒天有安排

第十三圖　閃門勢

虛槍試我能不能
隨上左右硬開弓
向若俟彼心火動
以虛治虛閃門封

第十四圖　烏龍入洞

彼從上来我點脚
提槍準備入洞窩
忽前忽後人難躲
撥雲觀天念彌陀

第十五圖　神槍勢

彼扎足兮我勾開

泰山蓋頂去有突

籠鬢蓋腦飛天勢

神槍勢法有奇才

第十六圖　上起槍勢

起槍扎上下空虛
彼乘下虛膝邊取
化鳳點頭顛彼手
如搭左邊剪子習

第十七圖　順風旗勢

徉敗詐走順風旗
使起飛天人難移
回身轉打君須記
單鳳坐馬入難離

第十八圖

回頭望月

前遇敵人拗步鬥
身後有人來刺頭
回頭格槍對面劃
撩槍提邪烏龍愁

第十九圖

剪子股

彼以低乎來取我
左右綻絮此不和
蹝上右步剪子股
推打滄海視如何

第二十圖　逼水槍

逼水槍法似伏虎
彼打面來推救護
下搭彼足双連腹
速變童子香一炷

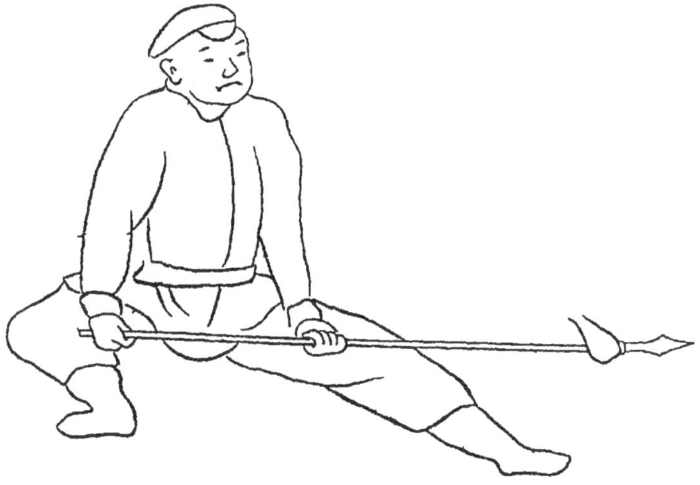

第二十一圖　轉香砲

我持上槍去虛迊
摔身退步轉槍行
照定面門咽喉動
勢變跟進也有功

第二十二圖　推撩攔進

面來推進膝來提
向彼扎脇跨馬移
狼牙一去化風來
擰身開步變高提

第二十三圖

倒觀花

佯走滴水倒觀花
回望敵人上下拿
下用順風掃葉打
或用剪子翻上下

第二十四圖　回馬槍

彼若槍頭來反凶
虛閃敵人手必鬆
敗步擰身腦心用
進退連環有奇能

第二十五圖

單手槍

背敵抽刀槍出頭
來勇單手取彼喉
彼若連擊來追我
扭步披身拔步收

第二十六圖　定南鍼

勢名定南有所因
攻左取右不費心
只憑後足這一落
再若來時另有鍼

第二十七圖

仙人指路

仙人指路在彼膝

彼即撥搶將捍提

彼提我挑走圈裡

金鷄點頭誰能禦

第二十八圖　抽刀勢

來勢兇惡只一閃
閃過他臉把槍攢
右步擺左扭身用
前手放活去如箭

第二十九圖

裡勾外撩

敵扎腿來何必勾
將腿一提獨立優
讓似妙法躲無及
有此難免勾撩求

第三十圖　過步撩衣

勢立對面過步歪
敵人必攻左膝來
記準圈外掤彼手
速快撩衣卻無災

第三十一圖

指空望月

圈外姿式最難擋
穿袖推開有妙方
羣攔退步人難躲
陰陽轉手鎖口亡

第三十二圖

朝天槍

彼從上來伏地攻
翻上先取兩蓋燈
金雞上架彼若用
纏絲疊扇裡外行

第三十三圖

通袖槍

通袖格槍巧認針

彼用中平我留神

提腿神槍去有悶

劃山一去槍穿心

第三十四圖

外劈槍

我遇北敵東方來
外劈敵械扎胸懷
彼若轉槍扎膝下
提槍四平把門關

第三十五圖

探海槍

如彼虛槍將我迎
我亦虛槍將彼縫
向再來剳我膝脚
探海一去定有功

第三十六圖

進頭槍

封避推拿裡外纏
槍法門中最為先
進頭一槍人難解
拉槍回步上連環

原本此页无内容

忠義拳圖搶戟合編第四卷

山西洪洞梅選樊一魁著

戟之目次

戟式標圖

方天戟二十四式圖附七言

第六篇

七、擒拿戟

八、担山戟

九、穿袖戟

十、劈柴式

一一、撩戟勢

一二、身法跟進

一三、金鷄上架

一四、五花打攢

一五、黑虎掏心

一六、勾撩提拿

一七、跟進穿枝

一八、捎進根進

一九、兩戟式

二〇、喜鵲過枝

二一、拖戟式

二二、劈刺攢劃

二三、立劈山式

二四、現根現捎

戟式標圖演器

戟　長六尺五寸　重五斤

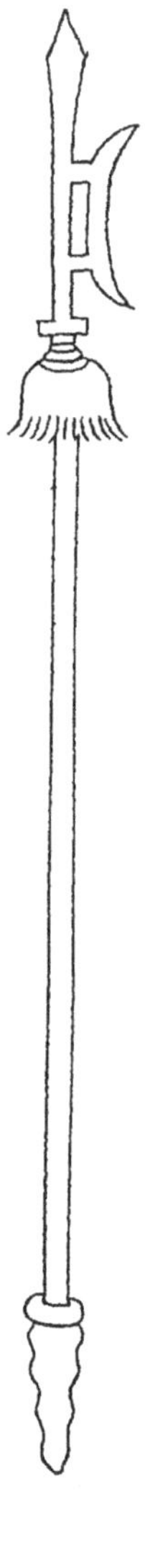

第一圖　一炷香

立戟之勢有所因　彼戟劄來我戟擒

左而右分右而左　進退根梢穿邪門

彼變金雞去上架

速向腦后取摘巾

若變飛天勢法進

騰陽戟架却有門

第二圖

上玄戟

我刺上玄下空虛
彼乘下虛膝下去
擰身撩戟邪門進
左右滄海人難禦

第三圖

朔戟勢

朔戟之勢有閃門
速快退步於撩陰
跨馬一去人難躲
打轉鷂子去翻身

第四圖

鎖口戟

虛閃退步將戟搮

陰陽轉手將彼縫

一鎖彼口面門用

仙人坐洞下部行

第五圖

中平戟

中平戟法去如風
順彼槍杆月光行
彼若轉槍變地攻
翻戟入海似蛟龍

第六圖

倒扎勢

佯敗拖戟倒扎走
彼若劄來回身抖
扭身我戟取彼槍
通袖一變取咽喉

第七圖

擒拿勢

擒拿下部上空虛
彼乘上虛把面去
收步持戟掃眉上
轉手心腹染紅泥

第八圖

担山戟

彼持槍來劄心胸
提戟上步攢打掤
橫彼項下只一抹
變戟滄海進有功

第九圖　穿袖戟

過身進步下邊空
彼扎腹脇並心胸
我用化鳳點頭去
順風剪子一樣同

第十圖

亂劈柴勢

劈柴換手圈裏認
左纏右劈那步進
倘彼擊我胸心頭
鷂子翻身大開門

第十一圖

撩戟勢

敵劄腿來何必勾
將腿一提獨立優
讓似妙手躲無及
持戟只用勾撩求

第十二圖

身法跟進

身法跟進上部用
只怕他人變地攻
入海蛟龍須熟記
再用此戟彼無能

第十三圖

金鷄上架

金鷄上架防下飛
仙人坐洞將彼佩
攢上神魚去擺尾
轉枝連心近乎隨

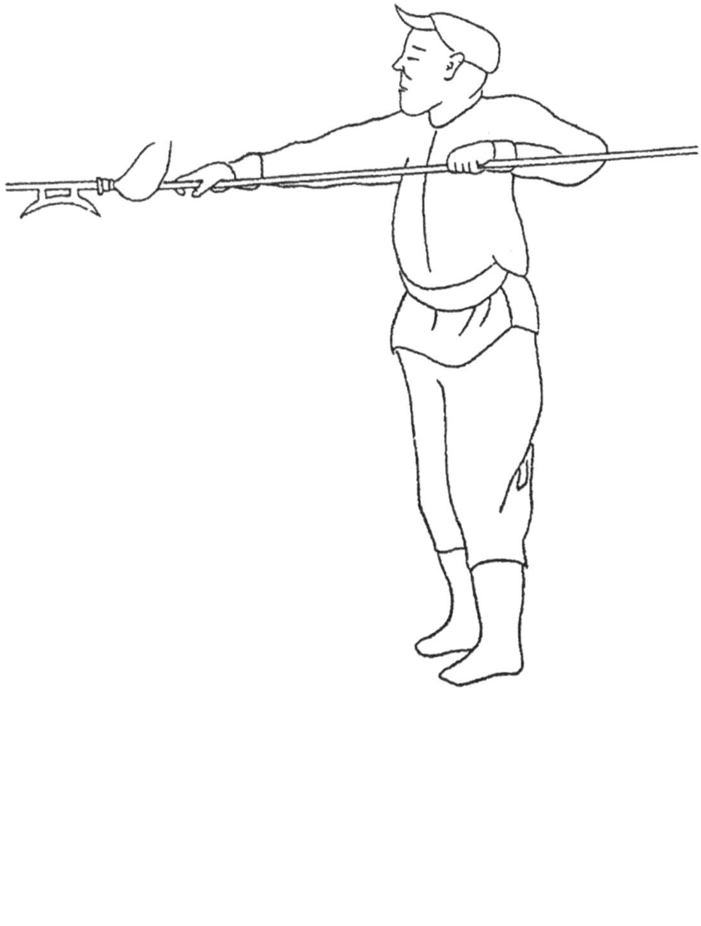

第十四圖

五花攢打

五花持戟另有門
撥挑提滚間誰必
拖戟敗勢回身走
翻身過海反邪門

第十五圖

黑虎攢心

轉簧得虛手法因彼拿我纏巧認針疊扇門內彼悞記速上惡虎去搯心

第十六圖　勾撩提拿

我上彼下敗身撩
左右滄海最難逃
勾撩提拿雖戟倒
抵防敵人關公刀

第十七圖

挑進穿枝

挑進穿枝防地蛇
黃龍纏捍將彼截
全筆一點虛身敗
馬前投軍把將敵

第十八圖

捎迎根進

屈身之勢上格搶
捎迎根進彼着忙
彼用鉄鶱將我攻
緊防伏虎有奇方

第十九圖　嘵戟勢

嘵戟姿勢似順風
彼搶剳來我戟掤
順搶一閃戟又動
須防敵械戲蛟龍

第二十圖

喜鵲過枝

我戟刺去彼槍拿
轉戟丟開去走斜
脇下一戟人難禦
彼再來槍一枝花

第二十一圖

拖戟勢

彼槍扎來我戟提
翻上我用單鳳眉
二次還槍扎跨腿
再上挑撩與拖戟

第二十二圖

　　劈刺攢劃

彼用槍來我攢行

劃彼頭面刺心中

彼用滄海來取我

速快上步放蛟龍

第二十三圖　裡劈山

敵彼上來裡劈山
化風點頭取彼腕
進步撩陰只一撥
四平坐馬上連環

第二十四圖　現根現梢

中正立勢右足提
兩方開步敵人疑
根梢左右全一起
上下便轉穿莊宜

宋史杨家奇枪真传

提要

《宋史杨家奇枪真传》，一册，主体为印本，其中答世钧所著内容为手写稿本，封面处书名“宋史杨家奇枪真传”八字亦为答世钧亲笔题写。正文之后有版权页，据此可知该书成书于民国二十年（1931 年），由王龙翼编述、发行，答世钧校参，京华印书馆印刷，出版信息清晰明确。

该书内容保存相对完整，收录基本枪法招式图十五幅。正文前的辅文包括《宋史杨家奇枪真传序》二则（一为答世钧所作，一为王龙翼所作）、《五言古》、《自序》、《宋史杨家奇枪总目》等，概述了编校者与杨家奇枪的渊源，以及他们编纂该书的缘由——传承尚武精神、提倡军法一体。正文分前后两段，前段共三编，后段共四编。从内容来看，前后两段对枪法招式的阐释和说明都着重从注解和口令两个方面展开。从编排来看，从前段到后段，内容由浅入深、招法由易至难，符合“教授法先明基本而后连续应用”的教学理念。

该书“为普及地方自卫之能力，补助军民教育之不及”而编，以家藏秘传之法，经编纂者悉心取舍、融入心得及实地经验而成，是展示民国时期武术发展面貌的重要文献资料，有助于研究武术的发展和传承历程。

宋史楊家將
槍真傳

答世鈞題

宋史楊家奇槍真傳序

溯自有宋名將楊再興者善使棃花奇槍輒對於萬馬軍中斬將搴首如探囊取物同時有岳飛王貴輩亦當代豪俊瀝泉鉤鐮者槍名驚奇也雖酣戰至數十百合而不克取勝者非槍法不奇實宋所

楊家將使楊門楊業扶宋大梁
定鼎攀氏斬閹奪寨之借重於
梁花處何可移對其勛績豈小
補哉十五傳至楊再興其間精
戀出巧異奇妙有非楊墨能可
畫宣一本十五世至明萬曆有大將
楊稹爲楊業之嫡裔也偏將王

澍余友之十一世祖姓楊鎮其故
自畫鎮之道澍不明家建功名將
也余友王子龍異其為人雅好
經史尤精於河洛易數等學棄
而青槍知更為祖傳特長也而
見其對澍時所使觀音自花神
館耳其所屬以後實有所謂生龍

騏驊我四萬萬同胞果能以周宗
爲觀念提倡尚武精神軍法
一辭群策群力則雖千萬黎庶
奇擒必能直搗歐美亦將何山反
之黎林惶之方不負余友雖千世
寶器之奇績也

民國辛未年仲夏月甲子日

楚北喬世鈞序於首都燕齋

喬世鈞印

王霄雲先生肖像

發已往所未發提倡固有國粹

憶昔楊業 千載偉功
奇槍善戰 數世稱雄
一門死國 氣貫長虹
志不負主 兩狼殉忠
再興再出 尤建奇功
臨機決策 慷慨急公
信義爲戰 頗牧豈同
克紳祖武 千古豪雄

覺將來之應覺奮揚古昔精神

五言古

盤古開洪荒三皇臨玉宇涿鹿與坂泉軒轅治軍旅從茲武備修
虞廷舞干羽秦漢迄晉唐刀兵拓疆土戰勝勒成書屈指難枚舉
惟我　聖神皇崇文亦佑武四字泰堦平中外惟共主猶存謹愼
心不敢忘禦侮上好下斯同誰甘爲儒腐戈戟與鉤鐮刀牌暨弓
弩技藝悉有法長槍失其祖在昔楊家槍梨花妙難語單手隙易
生盡善未敢許執杆用雙手迅疾似雷雨勢開鬼神驚近今無其
侶法傳巧亦傳爲君細細譜河洛是根源八卦爲藝圃子母鑄連
環混元一氣鼓微密類風雲變化屬雹舞高者倣朱雀低式作元

五言古　　　二

武幻形騰青龍猛烈奮白虎封法妙邊欄斬朵兼剔櫓轉環爲筋

骨撐乃是其主四海煙塵清朔端無跋扈

大明萬曆二年孟春月上浣賜進士出身神武將軍巡撫山西兼

兵備道臣王泒敬題

自敘

自結繩易以書契而文明以肇筆壁筆簧變爲弧矢而武備由啓虞夏揖讓商周征誅觀光與揚烈並傳寧曰武可偏廢乎漢唐以來固皆以文德長世教其始實先以武功定寰宇逮乎我　朝　聖德繼作　御纂成書字典垂後造士南宮校藝北城揆文教而奮武衛未有如今日者也余生此時幼習詩書壯好武略洎從戎邊疆附大將楊鎭有年常見其臨陣氣浩視敵如枯其槍法實有神鬼莫測之妙必勝雖不敢操怯敵畏陣則未之有余竊異之願北面請教幸楊將軍賜槍盡訣余雖在軍旅旁午之際惟奇槍是肄辛

勞不辭寒暑夜以繼日幸而得之余之得而揚眉靑雲者惟奇槍
之力居多焉願我子孫毋以赤璧爲貴則惟奇槍是寶藉可備禦
侮而圖進取者也云爾
萬曆壬寅年泰安王淴謹撰

也至民國肇建國民之思想莫不以爲中國之微弱乃基於國民之不能自强自決夫欲求自强自決非有毅勇精神革命觀念不足以有爲故革命之高潮正所以促進武術之向上　總理謂無論個人團體國家要有自衛之能力才能夠圖生存可見　總理之重視武術爲國家民族求生存之良具奠世界大同自由平等之基礎也予自幼酷好武術尤以數十世家藏之宋代楊氏奇槍爲最有心得但是種槍術奇妙變幻迅速異常非但爲教練一般講習之用若以之爲軍士訓練誠短兵對手戰爭克敵治勝之良術也觀軍士訓練往往以刺槍爲短兵戰之利器刺槍之爲用固極捷便爇以操練之方尚有待於研究且刺槍操練每以單人擊

刺釁隙易生收效未易倘易以奇槍爲士兵刺槍教練之法則或有助於短兵戰正多矣

民國二十年孟春月上浣王龍翼序於岱宗空石軒

宋史揚家奇槍例言

一　本書共分兩段前段共分三段第一篇基本教練第二篇連續教練第三篇應用教練

一　本書後段共分四篇第一篇風槍説明総論第二篇基本教練第三篇應用教練第四篇合併教練

一　教授法先明基本而後連續應用

一　搭槍必須兩人實地練習用長杆槍一對或八九或七八尺不可太短

一　姿勢之用法擇有圖指明以便學者知其所依

一　手法步法各有注解學者一目了然

一　分明段數編列號令以便教授整齊確實

一　教授基本時教者先持槍示以模範務須詳細說明用法俾學者深印於腦海並將正其不端之姿勢

一　是書後段應用摘分八式教授各式練法終而復始為學者熟速起見

一　是書分段練習千遍萬熟合併仍歸原來八槍劄法不在復始法內

一　是書爲普及地方自衛之能力補助軍民教育之不及尤可適用於一切團體及學校保障社會以備强敵近戰之用為宗旨

一　是書後附賛槍七言律一首以爲練習者發揚志氣及振奮精神以便讀者知其槍意

一　是書係家藏祕傳經十餘世其間有種種心得及實地經驗取其適宜於實用者均悉心編纂之

一 是書暫出風槍為第一種一下數餘種尚未出版

一 是書槍法彑係口授心傳祇以看書為能得其要訣恐其學難精巧若學者果欲細心研究必須經本編者面加指點

原本此页无内容

宋史楊家奇槍總目

目次

邊封註解

攔封註解

鈎封註解

掛封註解

纏封註解

標封註解

剔封註解

檜封註解

目次

第二編連續教練

目次

第三編應用教練

後段

目次

第一編目次

風槍八名目次

目次

第一編基本敎練

封手八式說明書

帶封註解

挫封註解

擢封註解

捋封註解

格封註解

閉封註解

目次

第三編應用教練

目次

第四編合併教練

宋史楊家奇槍總目

原本此页无内容

第一圖持槍身法式

第二圖退守法式

第三圖守裏槍法式

第四圖守外邊槍法式

第五圖初學隊形持槍姿勢式

第六圖裏門封槍式

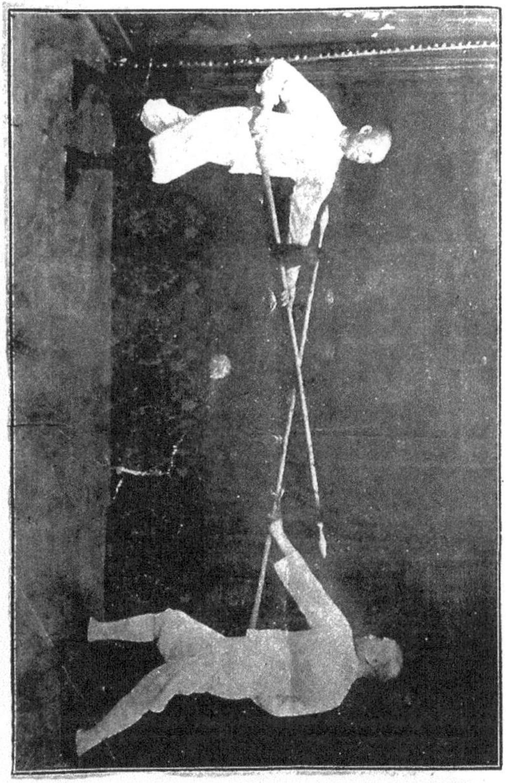

第七圖外門封槍式

第八圖 風槍法守裏式

第九圖風槍法守外式

第十圖爾鴉分輪進退單叉步式

第十一圖忽湊忽開右手握擰式

第十二圖錦帳分布式

第十三圖 銀龍吸水攪海尋珠式

第十四圖 樹裏藏寒式

式尾建虎猛　五十第

原本此页无内容

宋史楊家奇槍眞傳前段

第一編基本教練

持槍身法式註解

雙手持槍。將胸中之氣。沉於小肚中。抬頭面向左肩。鼓胸踢腰前肘直。後肘曲。前腿曲膝。後腿蹬直。此持槍身法之式也。另圖見第一圖

手法註解

前肘欲直。不可橫灣前手蓋住後手。前手鬆擺槍桿。後手緊握槍撙。用後手撥轉。兩手持槍宜活。所謂兩手持槍宜活者。非兩手皆活也。特前手忽凑忽開耳。

奇槍分三節註解

奇槍者。名其不同於常也。三節者。三奇也。兩手所持之處。曰後節。中間。曰中節。槍鋒。曰前節。各節皆有奇妙莫測之用。此槍堪稱兵刃之主。故敢稱奇也。

持槍三尖對註解

持槍之法。前微高。後微低。三尖要對。所謂三尖對者。鼻尖。槍尖。脚尖是也。

步法註解

或單步進。或連步進。或一躍丈餘。總要直向前進。或單步退。或連步退。或縱步退。總要直向後退。不可斜行委曲。

退守法註解

守法者。守敵之法也。如臨陣而不能守。何有攻敵之力也。此法。任敵變幻。總以撐爲主。以餘封副之。此守敵之法也。另圖於前見第二圖

守裏槍法式註解

守裏者。守敵由我之裏門劄我。我以此式守之。而不失我裏門之守也。另圖見第三圖

守外邊槍式註解

守外邊槍之式者。守敵由我之外門。邊槍劄我。以我之邊槍。反致敵之邊槍無效。故用邊槍式守之。而不失我外門之守也。另圖見第四圖

劄槍法註解

劄槍之法。手眼身法宜活。進退步法宜急。總以閃賺轉環爲主。不可死劄無救。書此劄法之註解。不可不愼也。

對敵法註解

對敵之法。要靜慮凝神。不可荒亂。任彼晃賺。我自持槍不離中門。進退以從容定閒爲主。

封手八式註解

封手八式者。八樣之封法。八樣者何。卽邊、欄、鈎、掛、纏、摽、剔、櫓、此八式是也。八式各有註解於後。

邊封註解

邊封者。外門進槍之法也。右腿向前伸直。足尖伏地。左肘向前伸直。左腿曲膝。右肘仍向後曲。此邊封之法也。

攔封註解

攔封者。中平之法也。敵用中平槍。由外門直冲劄我。我左腿向前。曲膝側身。敵人槍鋒。至我手間。我將左手。反敵槍之裏門。如半使轉環。將右腿向後忽曲。前足少許後動。足尖伏地。敵槍自能閃出。此攔封之法也。

鈎封註解

鈎封者。破敵底火之槍法也。我取敵之裏門。敵誆我槍。反下劄我之左足。我將左足提起。由裏門鈎封敵人之槍鋒。此破底火之法也。

掛封註解

掛封之法。敵人由我之裏門。直上劄我。我由敵槍之裏門。掛敵槍之中節。將敵槍掛出。使敵人自闖我槍鋒耳。

纏封註解

纏封之法。無論退守進攻。敵使誆槍誘我失敗。我用纏封以破之。萬無一失。自取勝利。此法敵外轉。我亦隨敵外轉。敵裏轉。我亦隨敵裏轉。此纏封之法也。

摽封註解

摽封之法。敵人持槍不動。以逸待我之勞。以靜待我之動。我用摽槍以破之。此法由敵裏門。硬摽直取。而敵人裏門。落閃綫路。敵人至此。祇能摭攔敗走而已。

剔封註解

剔封之法。敵由我外門進步劄我。我仍不動。以面向前視敵來意。

待敵槍至我懷中。將身猛側。而敵槍反於我槍閃門。自使敵人自撞槍鋒。此剔封之法也。

櫓封註解

櫓封之法。窺敵之槍法動靜而用之。如較槍亦然。倘敵槍有錯亂之處。此法忙裏偷閑。最宜手快。櫓封敵槍之中節以破之。此櫓封之法也。

第二編連續教練

初學隊形持槍姿勢註解

對手人數無論多少。站隊時用右手持槍。向下垂直。槍樽附於右足小指。分前後兩行對正。不得缺伍。缺伍則不能獨學。其站隊之姿勢。兩足根並立一條綫上。兩足尖分開六十度。兩腿向下伸直。兩肩自然下垂。頭正口噤。二目向前平視。此站隊持槍之法也。另圖見第五圖

兩行轉法對手式註解

口令

報數

向右看……………齊

向前……………看

向……………右轉

兩行凡雙數者。向右上半步。成爲四路總隊。到演場時。

口令　向左……轉。兩行凡雙數者。向左上半步。變爲原排之

隊形。

向前七步向右看……齊

向前……………看

向後……………轉

於後行人各得之數。自然對正。此分兩行對面之式也。

兩行對劄封手初步註解

口令……立正

向右看……齊

向前……看

報數

右一伍爲准排頭不動。各離五步向左散……開

各行向右看……齊

向前……看

前行向前七步向右看……齊

向前……看

向後……轉

前後兩行各得之數對正

劄法口令

各行向右半面……轉

兩行甲乙之區別。前行爲甲。後行爲乙。口令　數一時間。乙右手將槍提起。離地十尘。但以左肘向右曲平。用左手二指附於槍桿。右手鬆攏。右腿向後蹬直。右手隨握槍樽不動。仍以左手持槍宜活。此爲遞槍式。

前行爲甲

甲與乙式不同。口令　數一時間。左肘同乙。數二時間。左腿向前伸直。足尖伏地。左肘伸直。向前出槍。槍尖離地十生。右肘曲後。握樽不動。此爲劄槍式。

第三編應用教練

第一項裏門封槍式

甲乙各行將槍持妥。再出口令劄槍數一時間。甲用伏地急步。向前封乙槍之裏門。甲槍接乙槍。槍尖之後。二十生之長。左腿曲膝。側身向前進封。乙仍不動。甲槍進。乙槍隨起。槍尖起高不可過首

。過首則守槍無效。口令於左。另圖見第六圖

口令

封槍數…………一

第二項外門封槍式

口令數二時間。甲槍沉下。歸原形不動。乙向後退左足一步。右腿向前曲膝。左腿向後蹬直。左肘向前伸直。右肘後曲。側身持槍不動。待甲槍來封。乙隨上起槍。甲視乙槍退妥。甲隨上右步。側身封乙之外門。乙仍右腿向前曲膝。左腿向後蹬直。左肘向前。右肘曲後。口令於左。另圖見第七圖

口令

封槍數………………二

此兩門封妥。甲槍仍沉下。如是再封裏門外門。回數不定。依此循環。如乙來封甲。亦此同推。口令數停而止。口令於左。

口令

數…………停

第三項還槍式

劄還槍之法。如甲槍封乙槍。數二時間。外門封妥。口令數停時。乙即還封甲槍。忽曲左膝。右腿向前伸直。此爲還槍式。口令於左。

口令

數…………停

第四項守裏式

乙還槍後。甲忽向後提右足與左足之後。退半步曲坐側身。復將左腿向前伸直。槍沉下。變爲封手持槍之原形。待乙槍退妥。甲去劄乙裏門之左手。口令名爲使裏數一。乙將左手之二指反下。敵甲槍鋒擊刺。將身法向後曲坐。左腿伸直。此爲守裏式口令於左。另圖見第八圖

口令

使裏數……………一

第五項守外式

甲槍使裏之後。甲槍沉下十生。口令名爲數二。甲左足向右半步。右足由左足之後轉向左足之前。足尖伏地。左肘向前。右肘向後。劄乙腰間之外門。乙槍由甲槍之上。先將右足向右上半步。復將左

足向右足之後。退半步。左肘向前。右肘曲後。左腿曲膝。右腿伸直。側身向右曲腰。左邊空虛。敝甲槍擊刺。乙槍鋒向甲之左手守之。此爲守外式。口令於左。另圖見第九圖

口令

數……………二

第六項轉環封手一套

甲槍使乙外門之後。口令名爲數三。甲之右足退於左足之後。槍沉下。復轉乙槍裏門之上。乙亦退右足於左足之後。乙槍由甲槍之外門。返上而下。復轉而上。甲乙合湊一個轉環。乙如持槍身法式同。甲槍忽返乙之裏門。伏地急步。側身封乙槍。此轉環封手一套。口令於左。

口令

數……………三

第七項說明封手於劄槍之關係

此轉環封手。爲劄槍之本。劄必千遍萬熟。如封手不成。不可教以劄法。倘越級而進。巧亦不見巧。工亦不見工。而封手之關係。豈淺鮮哉。

宋史楊家奇槍眞傳後段

後段第一編

風槍說明總論

楊家奇槍。分爲八種。每種兩人合劄八槍。八槍者槍名。非八槍也。彼來此往。凡六十餘槍。目視者。不能視其所以然也。或曰。槍多而名少者何耶。所謂槍多名少者。由根本變解。八八之數。以此而推也。風槍者。八門之第一也。此槍之根基。於奇門同推。奇門之八門者。休、生、傷、杜、驚、死、景、開、八門是也。奇槍之八門。乃奇門之納音也。槍分。風、雲、雷，雨、朱雀、玄武、青龍、白虎、八門是也。余本擬將八門槍法。全著一書。奈槍中之變化不測。縱然千言作爲一語。亦難一書而全明其說也。何以言之。因各路槍法不同。故難一書而全現於社會。此不過聊陳概略。由淺入深。余所著說明書者。不求其文多。而求其學者。一目了然耳。

並將風槍名次及摘分八式練法於左

風槍八名目次

第一式

姨神敲門

第二式

錦帳分布

第三式

鵬搏扶搖

第四式

爾雅分輪

第五式

隨風入袖

第六式

飄風貫肘

第七式

樹裏敝寒

第八式

銅牆鐵壁

第二編基本教練

封手八式說明書

劄槍封手。於上不同。此八式者。卽帶、挫、擢。捋、挌、閉、斬、朵、是也。此段封手。由淺入深。非學單劄花槍。拳術等類。舉目有成。恐學者。一時難得槍中之意。此八式封手。各有註解於左。

帶封註解

帶封之法。乃退封敵人之法也。其法。由敵人之裏門。向後帶封。如飛龍震天。此帶封之法也。

挫封註解

挫封之法。如摽封外門。敵人之手。以挫其腕。致敵自失其手。此挫封之法也。

擢封註解

擢封之法。由敵人外門。待敵槍有釁隙之處。窺情而使。此擢封之法也。

捋封註解

捋封之法。無論左右。凡退步之際。捋劄敵人不防之處。此捋封之法也。

格封註解

格封之法。如敵槍由外門。劄我左右之膝。我從右向左格槍。此格封之法也。

閉封註解

閉封之法。由左向右閉槍。如敵人劄我左手。我將手指反下。從外向裏。此閉封之法也。

斬封註解

斬封之法。敵人不與我槍閃門。我進步硬上直取。敵人之外門。斬封如劈。此斬封之法也。

朶封註解

朶封之法。如敵人劄我左足。我向敵人外門閃跳。右腿伏地。朶封敵槍之中節。此朶封之法也。

風槍步法宗規註解於左

第一式步法註解

姨神敲門之槍。用單連步進。用法如左足向前，右足提起。曲膝向前。如走一條綫上。退步亦然。

第二式步法註解

錦帳分布之槍。用單急步。如左足向前進跳。落地仍左足向前。退亦如是。爲單急步。

第三式步法註解

鵬搏扶搖之槍。進退使搖槍時。用搖單步。進退如行一條綫上。爲搖單步。

第四式步法註解

爾鴉分輪之槍。進退用單叉步。如左足向前進時。右足向左足後面向前叉步。退時如右足在後。左足向右足後面向後叉步。爲單叉步

。另圖見第十圖

第五六式步法註解

此兩式用伏地單步。如左足向前進步時。伏地急進。退步亦然。爲伏地單步。

第七式步法註解

樹裏蔽寒之槍。用倒叉步。向後退跳時。用左足冲敵。右足向後。落地時，右足卽向左足之前倒叉，爲倒叉步。

第八式步法註解

銅牆鐵壁之槍。出手用外使槍時。其始左足在前。向右跳起。雙足忽換。右足落地向前。左腿曲膝。邊槍式爲拗步。

風槍手法宗規註解

劄槍之手法。忽湊忽開。右手握擄。來往上下不離腰眼。如握千鈞之重。萬朵梨花。由此而出也。另圖見第十一圖

第三編應用教練

風槍八式口令宗規註解於左

劄此八式槍法。無論各式動作。由教者臨時規定某式。如作第一式爲樣式。口令數一各行持槍。　數二接第一式對劄。來往熟習。愈多愈妙。轉聽口令爲止。口令如下。

劄第一式。各行持槍數……一

數……………………二

數……………………停

格式口令數停註解

兩行對手劄槍。非同單練。教者最要留心。數停時。務須將數字高聲呼出。使劄槍者驚耳。注意否則恐發生亂撞擊刺。特以數停口令註明。恐學者槍法一時不精之故也。

風槍第一式說明書

姨神敲門之槍。作第一式。反使轉環。其步法進退宜快。遲則槍鋒貫肘。如風吹烈火輪。彼來此往。回數不定。

風槍第一式劄法

口令向右半面………轉。劄第一式各行持槍數一。各行持槍不動。數二時間。甲伏地單急步。向乙之裏門。直冲咽喉一槍。乙側身。槍下沉。左足少許裏動。右足向前一步。邊槍使外。甲退步以邊槍守之。不等乙槍退步。甲槍隨反使轉環。用單連步。右足向前兩步。邊槍式劄乙之外門。如是者。終而復始。回數不定。口令出停而止。餘可類推。口令於左

口令數……………停

風槍第二式說明書

錦帳分布之槍。作第二式。出手乙遞槍式。甲劄槍式。甲出左足。伏地單急步。跳追如斬闕奪門。直冲乙之咽喉。裏門虛點一槍。乙急向後單急步跳退。甲追跳單急步。槍直下斬乙之外門。乙剔甲槍。直還槍劄甲之咽喉。斬甲槍外門。亦仍如是。往來演習回數不定。另圖見第十二圖

風槍第二式劄法

乙遞槍式覗甲。甲持劄槍式。出左足伏地。用單急步。初手劄乙裏之咽喉。先用小單急步。乙向後直跳退。甲隨跳追大單急步。直下斬乙槍之外門。乙曲右膝外剔甲槍。甲乙各式。均以左腿向前伸直。乙向甲之裏門還槍。劄甲之咽喉。進步亦，仍如是。如乙後退。乙剔槍。甲使裏使外。槍下沉裏門封乙。來往演習囘數不定。

風槍第三式說明書

鵬搏扶搖之槍。作第三式。出手甲直冲乙胸前一槍。甲退跳使臨地翻身。雙搏雙搖落風雲。前進者。如猛虎搖頭。退者如烏龍擺尾。往來搖槍囘數不定。

風槍第三式劄法

乙持遞槍式待甲。甲先用單急步進。直冲乙之裏門前胸一槍。單跳如退步向後直退。落地時兩足根轉。足尖均各向後。仍面向左肩。甲守三關式。乙隨單急步跳追。落地邊槍拗步式。槍鋒向甲左肩。甲左足向乙外門半步。右足隨向左足之後。亦上半步。甲托乙槍後節。左手之前十生。隨向前如纏封乙之裏門而進。乙急將右足向後。單連步退。右腿曲膝。左手指反下閉槍不動。乙閉槍之後。向甲裏門任槍。上左足。槍反上。上右足。槍反下。單連步進。甲退左足。槍轉下。退右足。槍轉上。曲膝。槍沉下。閉槍亦仍如是。往來演習囘數不定。

風槍第四式說明書

爾鴉分輪之槍。作第四式。其劄法進退。均單叉步。往來如銀龍吸水。如攪海尋珠。往來練習囘數不定。另圖見第十三圖

風槍第四式劄法

爾鴉分輪之槍。其劄法由封手變出。兩人仍用封手式。譬如甲劄乙遞。如甲使裏門劄乙左手之指。乙將手指反下。曲右膝閉槍。甲隨向後倒單叉步退。使反轉環。左足向右足後倒步。乙進步右足向前。由左足根之後向前叉步。甲退三步止。曲右膝。亦手指反下閉槍。乙退亦仍如是。退至三步止。往來演習囘數不定。

風槍五六式說明書

五式六式槍。兩式難分。所謂兩式難分者。此兩槍如一氣貫通演時最快。祇可作一式練習。不過左右僅有綫路之分。其他姿勢及表演。無法分演。但此兩槍如風中之餓虎攢山。如追風之趕月。往來迅急如風。囘數不定。

風槍五六兩式劄法

此兩式之劄法。如甲劄乙遞。甲由乙之裏門。側身單步硬摽直取。乙單急步。向後跳退。甲乙進退。均各定一步而止。不至冒險。如甲劄乙進一步時。隨卽乙槍下沉。劄甲之左膝。伏槍不使。甲之左足。向右忽動閃過。甲槍隨由乙之外門。直取貫肘。仍左足向前。各定一步。乙單急步退跳。雙足落地之際。右膝猛曲。側身向外剔槍。甲槍沉下。使往劄乙之左手。往閉槍。側身還摽甲槍。亦然如是。往來回數不定。

風槍第七式說明書

樹裏藏寒之槍。作第七式。出手劄法。最宜閃賺。至使槍時。鴿子翻身。倒叉步。如夜叉倒探海。往來演習。回數不定。另圖見第十

四圖

風槍第七式劄法

甲劄乙遞。出手先用伏地單急步。向乙外門斬槍。乙臨地臨身閃槍。隨將左足向右上半步。右足隨向左足之前。上步邊槍式。槍鋒追甲左手。甲隨向後單急步跳出。鷂子翻身式。倒叉步。隨將左足少許右動。約十生。右足向左足之前叉小步。足尖伏地。向後曲腰。右手高舉槍樽。左手伸直。如夜叉倒探海式。劄乙左眉。乙隨卽退右足。雙手高起。向右格槍。甲槍沉下。向後單跳一步。乙仍邊槍追手。甲用臨地翻身。上步邊槍亦然如是。往來演習。回數不定。

風槍第八式說明書

銅墻鐵壁之槍。作第八式。由封手變使倒捲竹簾。進槍者縱退如飛

龍震天。遞槍者如猛虎之建尾。劄槍者留意。最怕失手。往來演習。回數不定

風槍第八式劄法

銅牆鐵壁之槍法。如甲去封乙。使裏門仍然如常。甲使乙外時。乙向左跳拗步邊槍式。撑甲槍左手之前十生隨點。甲驚槍。單急步縱退。雙足落地。左腿向前曲膝。如伏地式。左手伸直。右手握樽付於左膝之上。如建尾式。乙用小單急步進。先劄甲之裏門。甲閉槍。乙隨即劄甲之外門。甲格槍。拗步直上曲身。朵撑乙槍中節之外門。向後單步跳退。亦曲左膝如甲。甲朵撑之後退右足。亦單急步進。先劄裏門。隨即劄外門。亦仍如是。來往演習。回數不定。另圖見第十五圖

第四編合併教練

風槍合併說明書

風槍原來八槍劄法。兩人槍法劄遞不同。因公開社會始編八式。欲收良好之結果。必須種種劄法。分練合習。由熟而精。由精而化。故八槍摘分八式練習。終而復始。爲合併應用。不致錯誤。如學者有一式不得其法。不可於精工之手作合併演習。由教授人視其槍法相等者。可爲一班練習。如不相等。或分甲乙兩班。未嘗不可。並將劄法開列於左。

風槍合併劄法

此爲合併劄法。甲劄乙遞。於分式練習不同。此法劄槍者出手作遞槍式。遞槍者作劄槍式。由錦帳分布式。劄遞分別陰陽變化。乙劄槍式。向甲裏門單急步一槍。出槍見點。名曰。姨神敲門。甲乙仍歸第一式練法。甲乙各使三槍。乙劄甲時乙槍沉下。甲退右足剔槍守裏。乙劄甲使裏之際。甲虛使乙之裏門咽喉一槍。單急步斬乙。名曰。錦帳分布。乙剔槍。甲使裏。乙上單連步搖槍。甲退單連步。名曰。鵬摶扶搖。甲退三步。右足落後。曲膝如坐地式。乙如使裹式。左腿曲膝。如使裏時。甲左手二指反下。乙使撐指之際。甲身隨起裏使轉環。上單叉步。乙反使轉環。退步如是。名曰。爾鴉分輪。乙退三步右足落後。曲膝剔槍。甲槍沉下。使外。乙隨退左足於右足之後。用邊槍式。甲退右足使裏。乙退右足摽槍。單步直取。名曰。隨風入袖。甲槍猛閉劄乙左膝。乙隨斬封。仍以單步直取外門。名曰。飄風貫肘。甲向後單步退剔槍。乙使裏。甲左手二指反下。乙隨卽劄甲之左膝。甲向乙外門忽跳拗步。飛換右足向前。落地邊槍式。上步追乙左手。乙單步跳後。用倒叉步。如第七式劄甲。名曰。樹裏藏寒。甲格槍後。仍再上邊槍式追乙。乙隨跳剔槍。甲使裏隨卽使外。乙撑甲槍中節隨點槍。甲單急步退。如第八式。乙向外門劄甲之左膝。甲撑槍。名曰。銅牆鐵壁。甲封槍。名風槍一套。風槍習成。再學雲槍。

風槍七言律

梨花影動聲瀟瀟。誰識風姨致勝標。纔吒鋒鋩穿袖裏。又驚穎脫入眉梢。虎嘯千山從猛烈。鵬搏萬里起扶搖。銅牆鐵壁無人度。四野烟塵一陣消。

中華民國二十年七月初版

宋史楊家奇槍真傳一冊

定價大洋八角
（外埠購者郵費另加）

編述兼發行者　泰安王龍翼
校參者　汚陽答世鈞
經售處　南京大東書局　各省大東書局
通訊處　南京大東書局　南京京華印書館
印刷者　京華印書館
地址南京中山路新街口
電話二二〇八二號